NUESTRO GOBIERNO

EL JUEZ DE LA CORTE SUPREMA

Sara Cucini

LIGHTBOX
openlightbox.com

LIGHTBOX

Entre a
www.openlightbox.com
e ingrese el código único
de este libro.

CÓDIGO DE ACCESO

LBXK4462

Lightbox es una completa solucióndigital para enseñar y aprender temas curriculares de una manera original e innovadora. Lightbox se basa en las Normas Curriculares Nacionales.

OPTIMIZADO PARA

- ✓ TABLETAS
- ✓ PIZARRAS ELECTRÓNICAS
- ✓ COMPUTADORAS
- ✓ ¡Y MUCHO MÁS!

CARACTERÍSTICAS ESTÁNDAR DE LIGHTBOX

- **AUDIO** Narraciones de alta calidad con sistema de texto a voz
- **VIDEOS** Videoclips de alta definición incorporados
- **ACTIVIDADES** PDFs imprimibles que pueden enviarse por correo electrónico y calificarse
- **ENLACES WEB** Enlaces cuidadosamente seleccionados con recursos seguros para niños
- **PRESENTACIÓN EN DIAPOSITIVAS** Ilustraciones gráficas de los conceptos clave
- **MAPAS INTERACTIVOS** Mapas interactivos e imágenes satelitales aéreas
- QUIZ **CUESTIONARIOS** Diez preguntas de elección multiple con puntaje automático que se envían por correo electrónico al docente para su evaluación
- **PALABRAS CLAVE** Combinación de los conceptos clave con sus definiciones

RECURSOS SUPLEMENTARIOS

- **COMPARTE** Comparte títulos dentro de tu Sistema de Gestión de Aprendizaje (LMS) o Sistema de Circulación de Bibliotecas
- **CURRÍCULO** Encuentre correlaciones curriculares Nacionales y Estatales.
- **CITAS** Crea referencias bibliográficas siguiendo los estilos de APA, CMOS y MLA

VIDEOS

ENLACES WEB

PRESENTACIÓN EN DIAPOSITIVAS

CUESTIONARIOS

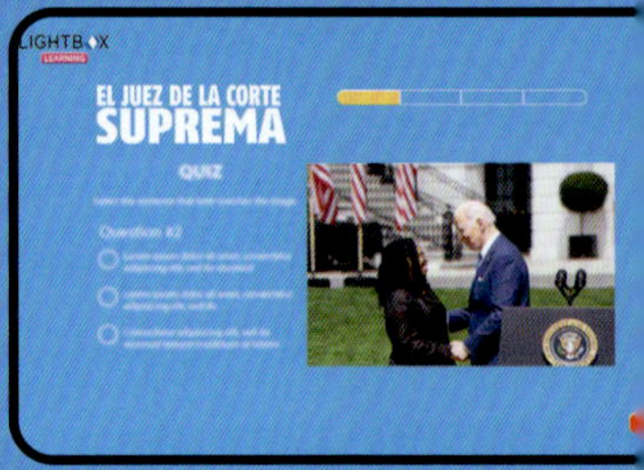

Este título está incluido en nuestra suscripción digital de Lightbox

2

Suscripción en español de K–5 por 1 año
ISBN 978-1-5105-5935-6

Accede a cientos de títulos de Lightbox con nuestra suscripción digital.
Regístrate para una prueba **GRATUITA** en **www.openlightbox.com/t**

Se garantiza que los componentes digitales de este libro estarán activos por al menos cinco años desde la fecha de publicación.

NUESTRO GOBIERNO

EL JUEZ DE LA CORTE SUPREMA

Contenidos

Nuestro gobierno

El gobierno federal está formado por tres ramas separadas. Cada rama hace su propio trabajo.

Ramas del gobierno federal

LEGISLATIVA
sanciona las leyes del estado

- SENADO
- CÁMARA DE REPRESENTANTES

EJECUTIVA
promulga las leyes

- PRESIDENTE
- VICEPRESIDENTE

JUDICIAL
controla que las leyes se cumplan

- CORTE SUPREMA

that among
governed, — That whenever any Form of
dation on such principles and organizing its powers in
long established should not be changed for light
right themselves by abolishing the forms to
them under absolute Despotism;
of these Colonies; and
injuries and
insure domestic Tranquility, provide
and our Posterity, do ordain and
Section 1. All legislative Powers herein granted shall be vested in a
Section 2. The House of Representatives shall be composed of

¿Qué es la Corte Suprema?

La Corte Suprema es el máximo tribunal de justicia del país. Se asegura de que todas las leyes de EE.UU. cumplan con la Constitución. Este importante documento establece los derechos y obligaciones de los ciudadanos estadounidenses. También describe las funciones del gobierno federal.

¿Qué es un juez de la Corte Suprema?

A los jueces de la Corte Suprema se los llama ministros. La Corte Suprema está formada por nueve jueces. Estos jueces toman decisiones que afectan a todas las personas de los Estados Unidos. Sus decisiones pueden cambiar las leyes del país.

La historia de la Corte Suprema

La Corte Suprema se formó en 1789. La primera corte tenía seis jueces. Con el tiempo, ese número se modificó. Han habido 116 jueces de la Corte Suprema desde 1789.

En qué fueron primeros estos jueces

John Rutledge

Fue el primer juez de la Corte Suprema que se retiró, en **1791**

Thurgood Marshall

Fue el primer afroestadounidense en ser nombrado juez de la Corte Suprema, en **1967**

Sandra Day O'Connor

Fue la primera mujer en ser nombrada jueza de la Corte Suprema, en **1981**

¿Quién puede ser juez de la Corte Suprema?

No hay reglas que digan quién puede ser juez de la Corte Suprema. Sin embargo, la mayoría de los jueces comparten ciertas capacidades y experiencias.

1

Tienen un título avanzado en leyes.

2

Son expertos en la Constitución de EE.UU.

3

Pueden haber sido jueces en otros tribunales de EE.UU.

La elección del juez de la Corte Suprema

El presidente de los Estados Unidos elige a los jueces de la Corte Suprema. Luego, el Senado vota su aprobación. La designación de los jueces de la Corte Suprema es vitalicia. Esto significa que pueden trabajar hasta cuando ellos quieran.

SEAL OF THE PRESIDENT OF THE

El edificio de la Corte Suprema

El edificio de la Corte Suprema es donde se reúnen los nueve jueces para discutir las causas.

One First Street, NE
La dirección del edificio de la Corte Suprema, en Washington, DC

$9 395 566 Es lo que costó construir el edificio en la década de 1930

1935 El año en que se terminó de construir el edificio

Los fallos

Uno de los jueces, llamado presidente, es quien dirige la Corte Suprema. Todos los jueces analizan las diferentes causas. Una causa es un conflicto entre dos lados opuestos. Los jueces votan para decidir qué lado gana una causa. Sus decisiones se llaman fallos.

JUSTICE·UNDER·LAW·

Causas importantes

La Corte Suprema ha tomado decisiones que han cambiado las leyes que se deben cumplir. Los fallos de la Corte Suprema deben ser acatados por todos los tribunales del país.

FALLOS IMPORTANTES DE LA CORTE SUPREMA

MARBURY VS. MADISON (1803)

La Corte Suprema puede decidir si una ley es anticonstitucional.

BROWN VS. CONSEJO DE EDUCACIÓN (1954)

Es inconstitucional que haya escuelas separadas para alumnos de diferentes etnias.

UNITED STATES VS. NIXON (1974)

El presidente de los Estados Unidos debe cumplir con la ley del país.

¿Qué has aprendido?

La Corte Suprema es el máximo tribunal de justicia de los Estados Unidos.

Hay nueve jueces en la Corte Suprema.

La mayoría de los jueces son expertos en la Constitución de EE.UU.

Los jueces son elegidos por el presidente y confirmados por el Senado.

La designación de los jueces de la Corte Suprema es vitalicia.

We the People

Published by Lightbox Learning Inc.
276 5th Avenue, Suite 704 #917
New York, NY 10001
Website: www.openlightbox.com

Library of Congress Control Number: 2024933200

ISBN 978-1-5105-8552-2 (hardcover)
ISBN 978-1-5105-8553-9 (static multi-user eBook)
ISBN 978-1-5105-8555-3 (interactive multi-user eBook)

Printed in Guangzhou, China
1 2 3 4 5 6 7 8 9 0 28 27 26 25 24

072024
112023

Designer: Jean Faye Rodriguez
Layout: Ana María Vidal
Project Coordinator: Sara Cucini
English/Spanish Translation: Translation Services USA

The publisher acknowledges Alamy, Getty Images, Shutterstock, and Wikimedia Commons as the primary image suppliers for this title.